El Niño Que Quería Tocar la Luna: Cuentos Bilingües Inglés-Español

My Pommeline

Published by My Pommeline, 2024.

While every precaution has been taken in the preparation of this book, the publisher assumes no responsibility for errors or omissions, or for damages resulting from the use of the information contained herein.

EL NIÑO QUE QUERÍA TOCAR LA LUNA: CUENTOS BILINGÜES INGLÉS-ESPAÑOL

First edition. October 13, 2024.

ISBN: 979-8227844361

Written by My Pommeline.

Table of Contents

The Misfit Magician

In the small town of Windy Hill, there lived a boy named Max who was always getting into trouble. Not because he meant to—he was just very curious. One day, while rummaging through his family's attic, he found a dusty old book. The cover read: The Marvelous Magic of Magnificent Magicians. Max's eyes lit up with excitement.

"Magic!" he whispered to himself. He had always dreamed of being a magician.

The book belonged to his great-great-grandfather, a famous magician who traveled the world performing tricks. Max took the book to his room and started reading it cover to cover. The spells were all written in strange, old-fashioned language, but Max was determined to try them out.

The next morning, while his parents were at work, Max decided it was the perfect time to practice some magic. He stood in front of the living room mirror, wearing a cape he'd made out of an old bedsheet.

"I'll start with something easy," he said, flipping through the pages. His finger stopped on a spell called Animate Objects.

"Perfect!" Max exclaimed. "I'll bring something to life!"

He pointed his wooden wand, which was really just a stick from the backyard, at the toaster on the kitchen counter. "Hocus pocus, abracadabra!" he shouted.

Suddenly, the toaster sprouted arms and legs. It jumped off the counter and started running around the kitchen!

"Whoa!" Max cried, laughing. "It worked!"

But things quickly got out of hand. The toaster wasn't the only thing that came to life. The kitchen broom began to dance, the chairs started hopping, and the vacuum cleaner revved up, chasing the toaster around the house.

Max tried to stop the chaos, but the living room rug started rolling itself up, and the sofa bounced like a trampoline. The house was turning into a circus!

"Oh no, what have I done?" Max groaned.

Just as the vacuum cornered the toaster, Max found the spell to reverse the magic. "Stop! Freeze! Rewind-o magic!" he yelled.

Everything froze in place—the toaster, the vacuum, the bouncing sofa—and slowly, the objects returned to normal.

Max sat down on the floor, exhausted. "Maybe I need a little more practice," he admitted.

From that day on, Max made sure to practice magic only under adult supervision—and definitely not with kitchen appliances!

El Mago Desastroso

En el pequeño pueblo de Colina Ventosa, vivía un niño llamado Max que siempre se metía en problemas. No porque lo hiciera a propósito—solo era muy curioso. Un día, mientras rebuscaba en el ático de su casa, encontró un viejo libro polvoriento. En la portada se leía: La Maravillosa Magia de los Magos Magníficos. Los ojos de Max brillaron de emoción.

"¡Magia!" se susurró a sí mismo. Siempre había soñado con ser un mago.

El libro pertenecía a su tatarabuelo, un famoso mago que viajaba por el mundo haciendo trucos. Max llevó el libro a su habitación y comenzó a leerlo de principio a fin. Los hechizos estaban escritos en un lenguaje extraño y anticuado, pero Max estaba decidido a probarlos.

A la mañana siguiente, mientras sus padres estaban en el trabajo, Max decidió que era el momento perfecto para practicar un poco de magia. Se paró frente al espejo de la sala, usando una capa que había hecho con una vieja sábana.

"Empezaré con algo fácil," dijo, hojeando las páginas. Su dedo se detuvo en un hechizo llamado Animar Objetos.

"¡Perfecto!" exclamó Max. "¡Voy a dar vida a algo!"

Apuntó su varita de madera, que en realidad era solo un palo del jardín, al tostador que estaba en la encimera de la cocina. "¡Hocus pocus, abracadabra!" gritó.

De repente, el tostador sacó brazos y piernas. ¡Saltó de la encimera y comenzó a correr por la cocina!

"¡Guau!" exclamó Max, riéndose. "¡Funcionó!"

Pero las cosas se salieron de control rápidamente. No solo el tostador cobró vida. La escoba de la cocina comenzó a bailar, las sillas empezaron a saltar, y la aspiradora se encendió, persiguiendo al tostador por toda la casa.

Max intentó detener el caos, pero la alfombra del salón comenzó a enrollarse sola, y el sofá rebotaba como un trampolín. ¡La casa se estaba convirtiendo en un circo!

"¡Oh no, qué he hecho!" se lamentó Max.

Justo cuando la aspiradora acorraló al tostador, Max encontró el hechizo para revertir la magia. "¡Detente! ¡Congélate! ¡Rebobina la magia!" gritó.

Todo se congeló en su lugar: el tostador, la aspiradora, el sofá rebotante, y poco a poco, los objetos volvieron a la normalidad.

Max se sentó en el suelo, exhausto. "Tal vez necesito un poco más de práctica," admitió.

Desde ese día, Max se aseguró de practicar magia solo bajo la supervisión de un adulto—¡y definitivamente no con los electrodomésticos de la cocina!

The Pirate Who Couldn't Swim

Captain Pedro was the most feared pirate on the Seven Seas. His ship, The Thunderous Wave, was enormous, with giant sails that caught the wind like wings. His crew was made up of the toughest pirates, and his treasure chest was filled with gold and jewels from all over the world.

But Captain Pedro had a secret—a very embarrassing secret. Despite being a pirate for as long as anyone could remember, Pedro couldn't swim. Not even a little. He was terrified of water!

Pedro had always managed to avoid swimming by staying on his ship, barking orders at his crew from the safety of the deck. No one knew about his fear because he never left the ship during their raids. But deep down, he knew that sooner or later, his secret would come out.

One day, while searching for the legendary treasure of Skull Island, disaster struck. A huge storm blew The Thunderous Wave off course, and before Pedro could do anything, the ship crashed into the rocky shore of a deserted island.

The crew managed to swim to safety, but Captain Pedro stayed behind, clinging to the ship's mast, shaking with fear. His first mate, Jake, swam back to the ship to help him.

"Come on, Captain! You need to swim to shore before the ship sinks!" Jake called.

Pedro looked at the water below him, his face pale. "I... I can't," he whispered.

Jake was confused. "What do you mean, Captain?"

Pedro sighed. He knew it was time to tell the truth. "I can't swim," he admitted quietly.

The crew gasped. How could their fearless leader, the greatest pirate of all time, be afraid of water?

But instead of laughing, Jake and the rest of the crew came up with a plan. They tied a rope around Pedro and gently lowered him into the water. With Jake guiding him, Pedro floated on his back and slowly made his way to shore.

Once on the beach, Pedro sat on the sand, embarrassed but relieved. "I'm sorry I never told you," he said to his crew. "I was too afraid you'd think I wasn't a real pirate."

Jake smiled. "A real pirate isn't afraid to face his fears, Captain."

From that day on, Captain Pedro took swimming lessons every day. By the time they found the treasure of Skull Island, Pedro had not only become a great swimmer, but he also realized that facing your fears makes you stronger.

El Pirata Que No Sabía Nadar

El capitán Pedro era el pirata más temido de los Siete Mares. Su barco, La Ola Tronante, era enorme, con velas gigantes que atrapaban el viento como alas. Su tripulación estaba formada por los piratas más duros, y su cofre del tesoro estaba lleno de oro y joyas de todo el mundo.

Pero el capitán Pedro tenía un secreto—un secreto muy vergonzoso. A pesar de ser pirata desde que alguien podía recordar, Pedro no sabía nadar. Ni siquiera un poco. ¡Le aterrorizaba el agua!

Pedro siempre había logrado evitar nadar quedándose en su barco, dando órdenes a su tripulación desde la seguridad de la cubierta. Nadie sabía de su miedo porque nunca abandonaba el barco durante los asaltos. Pero en el fondo, sabía que tarde o temprano, su secreto saldría a la luz.

Un día, mientras buscaban el legendario tesoro de la Isla Calavera, ocurrió un desastre. Una gran tormenta desvió La Ola Tronante de su curso, y antes de que Pedro pudiera hacer algo, el barco chocó contra la costa rocosa de una isla desierta.

La tripulación logró nadar hasta la seguridad, pero el capitán Pedro se quedó atrás, aferrado al mástil del barco, temblando de miedo. Su primer oficial, Jake, nadó de regreso al barco para ayudarlo.

"¡Vamos, capitán! ¡Necesitas nadar hasta la orilla antes de que el barco se hunda!" gritó Jake.

Pedro miró el agua debajo de él, su rostro pálido. "Yo... no puedo," susurró.

Jake estaba confundido. "¿Qué quiere decir, capitán?"

Pedro suspiró. Sabía que era hora de decir la verdad. "No sé nadar," admitió en voz baja.

La tripulación se quedó boquiabierta. ¿Cómo podía su líder intrépido, el mayor pirata de todos los tiempos, tener miedo al agua?

Pero en lugar de reírse, Jake y el resto de la tripulación idearon un plan. Ataron una cuerda alrededor de Pedro y lo bajaron suavemente al agua. Con Jake guiándolo, Pedro flotó de espaldas y lentamente llegó a la orilla.

Una vez en la playa, Pedro se sentó en la arena, avergonzado pero aliviado. "Lamento no haberles contado antes," dijo a su tripulación. "Tenía demasiado miedo de que pensaran que no soy un verdadero pirata."

Jake sonrió. "Un verdadero pirata no tiene miedo de enfrentar sus miedos, capitán."

Desde ese día, el capitán Pedro tomó lecciones de natación todos los días. Para cuando encontraron el tesoro de la Isla Calavera, Pedro no solo se había convertido en un gran nadador, sino que también se dio cuenta de que enfrentar tus miedos te hace más fuerte.

The Princess Who Hated Pink

In the grand kingdom of Glittering Meadows, Princess Sofia was known for being different from other princesses. While most princesses loved dresses, crowns, and everything pink, Sofia couldn't stand any of it. She hated frilly dresses, refused to wear tiaras, and most of all, she hated the color pink.

Her room in the castle was filled with pink—pink curtains, pink carpet, pink walls. It made Sofia feel like she was trapped in a bubblegum world. Every morning, she wished she could wake up in a room full of blues, greens, and purples, her favorite colors.

One day, her parents, the king and queen, announced that there would be a grand ball at the castle to celebrate her twelfth birthday. "You'll have to wear your finest pink dress," said her mother, the queen, as she laid out a gown that looked like a giant strawberry.

Sofia sighed. "But I don't want to wear pink, Mother. I want to wear something different—something me."

The queen smiled gently. "All princesses wear pink, darling. It's tradition."

Sofia felt a knot in her stomach. Why did she have to follow a tradition she didn't like?

The day of the ball arrived, and Sofia sat in front of her mirror, staring at the dreaded pink dress. She tried to imagine herself having fun at the ball, but all she could think about was how much she disliked the way she looked.

Just as she was about to put on the dress, Sofia had an idea. She grabbed some fabric paints she had hidden in her room and started painting over the pink gown. She splashed blue across the skirt, swirled purple on the sleeves, and added touches of green on the bodice. By the time she was finished, the dress no longer looked like a strawberry—it looked like a beautiful rainbow!

When Sofia walked into the ballroom, the guests gasped. The princess was supposed to be wearing pink! But as they looked closer, they saw how happy Sofia was, twirling in her multicolored gown. Her confidence and joy lit up the room.

The king and queen exchanged a glance. At first, they were shocked, but then they smiled.

The queen approached Sofia and said, "You've made your dress your own, Sofia. I'm proud of you for being true to yourself."

From that day on, Princess Sofia didn't have to wear pink again. She wore whatever colors made her happy, and soon, the kingdom of Glittering Meadows became known not just for its beautiful princess, but for celebrating everyone's unique style.

La Princesa Que Odiaba el Rosa

En el gran reino de Praderas Brillantes, la princesa Sofía era conocida por ser diferente de las demás princesas. Mientras que a la mayoría de las princesas les encantaban los vestidos, las coronas y todo lo que era rosa, Sofía no soportaba nada de eso. Odiaba los vestidos con volantes, se negaba a usar tiaras, y lo que más odiaba era el color rosa.

Su habitación en el castillo estaba llena de rosa: cortinas rosas, alfombra rosa, paredes rosas. Le hacía sentir como si estuviera atrapada en un mundo de chicle. Cada mañana, deseaba poder despertarse en una habitación llena de azules, verdes y morados, sus colores favoritos.

Un día, sus padres, el rey y la reina, anunciaron que habría un gran baile en el castillo para celebrar su cumpleaños número doce. "Tendrás que usar tu mejor vestido rosa," dijo su madre, la reina, mientras le mostraba un vestido que parecía una fresa gigante.

Sofía suspiró. "Pero no quiero usar rosa, madre. Quiero ponerme algo diferente, algo que sea yo."

La reina sonrió dulcemente. "Todas las princesas visten de rosa, querida. Es tradición."

Sofía sintió un nudo en el estómago. ¿Por qué tenía que seguir una tradición que no le gustaba?

Llegó el día del baile, y Sofía se sentó frente a su espejo, mirando el temido vestido rosa. Trató de imaginarse divirtiéndose en el baile, pero todo lo que podía pensar era lo poco que le gustaba cómo se veía.

Justo cuando estaba a punto de ponerse el vestido, Sofía tuvo una idea. Agarró unas pinturas para tela que había escondido en su habitación y comenzó a pintar sobre el vestido rosa. Salpicó azul en la falda, hizo remolinos morados en las mangas y añadió toques de verde en el corsé. Para cuando terminó, el vestido ya no parecía una fresa, ¡parecía un hermoso arco iris!

Cuando Sofía entró al salón de baile, los invitados se quedaron boquiabiertos. ¡La princesa se suponía que debía vestir de rosa! Pero al mirarla más de cerca, vieron lo feliz que estaba, girando con su vestido multicolor. Su confianza y alegría iluminaron la sala.

El rey y la reina se miraron. Al principio estaban sorprendidos, pero luego sonrieron.

La reina se acercó a Sofía y dijo: "Has hecho tu vestido a tu manera, Sofía. Estoy orgullosa de ti por ser fiel a ti misma."

Desde ese día, la princesa Sofía no tuvo que usar rosa nunca más. Se puso los colores que la hacían feliz, y pronto, el reino de Praderas Brillantes fue conocido no solo por su hermosa princesa, sino por celebrar el estilo único de cada persona.

The Boy Who Could Talk to Animals

Once upon a time, in a small village surrounded by thick forests, there was a boy named Mateo. Mateo wasn't like the other children in the village. While they played games and climbed trees, Mateo spent most of his time in the forest, talking to animals.

Yes, you heard that right—Mateo could talk to animals!

It all started when he was five years old. He had been walking through the forest when he found a baby bird that had fallen from its nest. As he gently picked it up, the little bird looked at him and chirped, "Thank you, kind boy!"

Mateo was stunned. He looked around, but there was no one else. Then the bird chirped again, "Can you help me back to my nest?"

From that day on, Mateo discovered that he could understand every animal he met. Birds, squirrels, foxes, even the fish in the stream—they all talked to him, and he talked back.

Mateo's best friend was a clever squirrel named Chippy. Together, they would explore the forest, learn from the animals, and sometimes even help them solve problems. Mateo felt like the forest was his second home.

But not everyone in the village was happy about Mateo's special ability. Some people thought he was strange. "Talking to animals? That's nonsense!" they would say.

One day, a terrible thing happened. The villagers decided to cut down a part of the forest to build new houses. Mateo was heartbroken. He knew that cutting down the trees would destroy the homes of his animal friends.

Determined to save the forest, Mateo gathered all the animals together. "We need to show the villagers how important the forest is," he said to Chippy and the others.

The next day, when the villagers arrived with their axes, they were met with an incredible sight. Animals of all kinds were gathered at the edge of the forest—birds, rabbits, deer, and even a bear. But that wasn't all. Mateo stood in front of them, his arms raised.

"We can't cut down the forest," he said. "It's not just a bunch of trees. It's home to these animals. And they're part of our village too."

The villagers were stunned. They had never seen anything like it. And then, something amazing happened. One by one, the animals began to speak, each in their own way, with Mateo translating for them.

A wise old owl spoke first. "This forest has been our home for generations. Please don't take it from us."

The villagers listened. They had never realized how much the forest meant to the animals.

Moved by the animals' words and Mateo's bravery, the villagers decided to stop their plan. Instead, they worked together to build their new homes on the edge of the forest, leaving the animals' homes safe.

From that day on, Mateo was no longer seen as strange. He was a hero—both to the animals and to the people of the village. And he continued to talk to his animal friends every day, ensuring that the bond between the village and the forest remained strong.

El Niño Que Podía Hablar con los Animales

Érase una vez, en un pequeño pueblo rodeado de espesos bosques, vivía un niño llamado Mateo. Mateo no era como los demás niños del pueblo. Mientras ellos jugaban y trepaban a los árboles, Mateo pasaba la mayor parte de su tiempo en el bosque, hablando con los animales.

¡Sí, lo has oído bien—Mateo podía hablar con los animales!

Todo comenzó cuando tenía cinco años. Estaba caminando por el bosque cuando encontró un pajarito que había caído de su nido. Mientras lo recogía con cuidado, el pequeño pájaro lo miró y piaba, "¡Gracias, amable niño!"

Mateo se quedó atónito. Miró a su alrededor, pero no había nadie más. Entonces, el pájaro piaba de nuevo, "¿Puedes ayudarme a volver a mi nido?"

Desde ese día, Mateo descubrió que podía entender a todos los animales que conocía. Pájaros, ardillas, zorros, e incluso los peces del arroyo—todos hablaban con él, y él les respondía.

El mejor amigo de Mateo era una ardilla muy lista llamada Chipi. Juntos, exploraban el bosque, aprendían de los animales y, a veces, incluso los ayudaban a resolver problemas. Mateo sentía que el bosque era su segundo hogar.

Pero no todos en el pueblo estaban contentos con la habilidad especial de Mateo. Algunos pensaban que era raro. "¿Hablar con animales? ¡Eso es una tontería!" decían.

Un día, sucedió algo terrible. Los aldeanos decidieron talar una parte del bosque para construir nuevas casas. Mateo estaba desolado. Sabía que cortar los árboles destruiría los hogares de sus amigos animales.

Decidido a salvar el bosque, Mateo reunió a todos los animales. "Tenemos que mostrarles a los aldeanos lo importante que es el bosque," le dijo a Chipi y a los demás.

Al día siguiente, cuando los aldeanos llegaron con sus hachas, se encontraron con un espectáculo increíble. Animales de todo tipo estaban reunidos en el borde del bosque—pájaros, conejos, ciervos, e incluso un oso. Pero eso no era todo. Mateo estaba frente a ellos, con los brazos en alto.

"No podemos talar el bosque," dijo. "No es solo un montón de árboles. Es el hogar de estos animales. Y ellos también son parte de nuestro pueblo."

Los aldeanos quedaron atónitos. Nunca habían visto algo así. Y luego, ocurrió algo asombroso. Uno por uno, los animales comenzaron a hablar, cada uno a su manera, con Mateo traduciendo para ellos.

Un sabio búho anciano habló primero. "Este bosque ha sido nuestro hogar durante generaciones. Por favor, no nos lo quiten."

Los aldeanos escucharon. Nunca se habían dado cuenta de lo que significaba el bosque para los animales.

Conmovidos por las palabras de los animales y el valor de Mateo, los aldeanos decidieron detener su plan. En lugar de eso, trabajaron juntos para construir sus nuevas casas en el borde del bosque, dejando los hogares de los animales a salvo.

Desde ese día, Mateo ya no fue visto como raro. Era un héroe—tanto para los animales como para la gente del pueblo. Y continuó hablando con sus amigos animales todos los días, asegurándose de que el vínculo entre el pueblo y el bosque permaneciera fuerte.

The Invisible Bike

In the bustling city of Rolling Hills, there lived a boy named Leo who had a very strange dream—he wanted to ride an invisible bike.

Leo loved riding bikes. He would spend hours zooming through the streets, imagining himself in races or on daring adventures. But every kid in the neighborhood had a cool, colorful bike. Leo's was old, rusty, and falling apart, and it made him feel embarrassed when he rode it.

One afternoon, Leo was sitting under a big oak tree in the park, daydreaming about having the coolest bike in the world. "I wish I had a bike that nobody could see, but that I could ride super fast," he thought out loud.

Just then, something strange happened. A small, glittering cloud appeared in front of him, and out of it popped a tiny, cheerful creature with wings, wearing goggles and a tool belt. It looked like a mix between a fairy and an engineer.

"Hello!" said the creature in a squeaky voice. "I'm Gearwin, the bike-building sprite. I heard your wish, and I can grant it. But be warned—an invisible bike is tricky to handle."

Leo's eyes widened in excitement. "You can really make me an invisible bike?"

Gearwin nodded and snapped his fingers. In an instant, Leo felt something solid in his hands, but when he looked down, there was nothing there.

"There you go! Your invisible bike," said Gearwin, smiling. "Remember, just because you can't see it doesn't mean it's not there."

Leo jumped up, eager to try his new bike. He placed his hands on the invisible handlebars and hopped on. To his surprise, he didn't fall. He started pedaling, and before he knew it, he was zooming around the park faster than ever!

It was amazing. The wind rushed through his hair, and people stared in awe as it looked like Leo was flying. He zoomed past his friends, and they all gasped, "Where's his bike? How is he doing that?"

Leo felt like the coolest kid in the world.

But after a while, something strange started happening. He couldn't always remember where his bike was. Once, he tried to hop on it and ended up falling face-first into the dirt. Another time, he accidentally sat on a park bench, thinking it was his bike!

As fun as the invisible bike was, it came with its challenges. Leo had to pay close attention to where he left it or else he'd be in for some embarrassing moments.

One day, after a particularly silly incident where he sat on his friend's cat, thinking it was his bike, Leo decided to visit Gearwin again.

"Gearwin," Leo said, scratching his head. "I love my invisible bike, but I think I need a bike I can see. It's getting too tricky to handle."

Gearwin chuckled and nodded. "I understand, kiddo. Let me make some adjustments."

With a snap of his fingers, the invisible bike shimmered into view. It wasn't just any ordinary bike, though. It was sleek, shiny, and painted in a rainbow of colors that shifted as it moved.

Leo gasped. "It's amazing!"

"Now you've got the coolest bike around," said Gearwin, flying off with a wink.

From that day on, Leo rode his new bike through Rolling Hills, no longer embarrassed. It wasn't invisible, but it was just as special, and everyone in the neighborhood admired it.

La Bicicleta Invisible

En la bulliciosa ciudad de Colinas Rodantes, vivía un niño llamado Leo que tenía un sueño muy extraño: quería montar una bicicleta invisible.

A Leo le encantaba andar en bicicleta. Pasaba horas recorriendo las calles, imaginándose en carreras o en aventuras atrevidas. Pero todos los niños del barrio tenían bicicletas geniales y coloridas. La de Leo era vieja, oxidada y estaba en mal estado, lo que le hacía sentirse avergonzado cuando la montaba.

Una tarde, Leo estaba sentado bajo un gran roble en el parque, soñando despierto con tener la bicicleta más genial del mundo. "Ojalá tuviera una bicicleta que nadie pudiera ver, pero que yo pudiera montar súper rápido," pensó en voz alta.

En ese momento, algo extraño sucedió. Una pequeña nube brillante apareció frente a él, y de ella salió una diminuta criatura alegre con alas, que llevaba gafas y un cinturón de herramientas. Parecía una mezcla entre un hada y un ingeniero.

"¡Hola!" dijo la criatura con una voz chillona. "Soy Gearwin, el duende constructor de bicicletas. Escuché tu deseo y puedo concederlo. Pero te advierto: una bicicleta invisible es difícil de manejar."

Los ojos de Leo se agrandaron de emoción. "¿De verdad puedes hacerme una bicicleta invisible?"

Gearwin asintió y chasqueó los dedos. En un instante, Leo sintió algo sólido en sus manos, pero cuando miró hacia abajo, no había nada.

"¡Aquí tienes! Tu bicicleta invisible," dijo Gearwin, sonriendo. "Recuerda, solo porque no la puedas ver no significa que no esté ahí."

Leo se levantó de un salto, ansioso por probar su nueva bicicleta. Colocó las manos en el manillar invisible y se subió. Para su sorpresa, no se cayó. Comenzó a pedalear, y antes de darse cuenta, estaba recorriendo el parque más rápido que nunca.

Era increíble. El viento le despeinaba, y la gente lo miraba asombrada, ya que parecía que Leo estaba volando. Pasó junto a sus amigos, y todos exclamaron: "¿Dónde está su bicicleta? ¿Cómo está haciendo eso?"

Leo se sentía el niño más genial del mundo.

Pero después de un tiempo, algo extraño comenzó a suceder. No siempre recordaba dónde estaba su bicicleta. Una vez, intentó subirse y terminó cayendo de cara al suelo. Otra vez, accidentalmente se sentó en un banco del parque, pensando que era su bicicleta.

Por muy divertida que fuera la bicicleta invisible, tenía sus desafíos. Leo tenía que prestar mucha atención a dónde la dejaba, o de lo contrario, pasaría por momentos vergonzosos.

Un día, después de un incidente particularmente gracioso en el que se sentó en el gato de su amigo, pensando que era su bicicleta, Leo decidió visitar a Gearwin nuevamente.

"Gearwin," dijo Leo, rascándose la cabeza. "Me encanta mi bicicleta invisible, pero creo que necesito una bicicleta que pueda ver. Está siendo muy difícil de manejar."

Gearwin se rió y asintió. "Lo entiendo, pequeño. Déjame hacer algunos ajustes."

Con un chasquido de sus dedos, la bicicleta invisible apareció ante sus ojos. Pero no era una bicicleta cualquiera. Era elegante, brillante, y estaba pintada con un arco iris de colores que cambiaban mientras se movía.

Leo jadeó. "¡Es increíble!"

"Ahora tienes la bicicleta más genial de todas," dijo Gearwin, volando con un guiño.

Desde ese día, Leo montaba su nueva bicicleta por las Colinas Rodantes, ya sin sentirse avergonzado. No era invisible, pero era igual de especial, y todos en el barrio la admiraban.

The Ice Cream Thief

Summer in Frostville was always hot, but the ice cream from Mrs. Melba's shop made it much better. Everyone loved her creamy, colorful, and delicious ice cream, and her shop was the most popular place in town during the sweltering summer months. But this summer, something strange was happening—ice cream was disappearing, and no one knew who was behind it.

Mrs. Melba, a kind old lady with a love for sweet treats, was confused. "I just made a fresh batch of strawberry swirl!" she exclaimed one morning. "And now it's gone! Who could be stealing my ice cream?"

The townspeople were puzzled. Ice cream didn't just vanish! Some people thought maybe the heat was making it melt faster, but even in the cool freezer, it was disappearing at an alarming rate.

One day, Timmy, a young boy who loved detective stories, decided to take matters into his own hands. He lived near Mrs. Melba's shop and had noticed that every night, strange noises came from the alley behind the store.

"Something fishy is going on," Timmy thought. He grabbed his flashlight and his magnifying glass—like any good detective would—and set out on a mission to find the thief.

That night, Timmy snuck out of his house and hid behind a stack of boxes near the shop. He was determined to solve the mystery.

Just as the clock struck midnight, Timmy heard a soft rustling noise coming from the alley. He held his breath and peeked around the corner. His eyes widened in shock—there, standing next to Mrs. Melba's back door, was a squirrel!

But it wasn't just any ordinary squirrel. This squirrel was wearing tiny gloves, a hat, and what looked like a tiny backpack. The squirrel expertly opened the freezer door, grabbed a tub of ice cream, and scampered away with it.

Timmy couldn't believe his eyes. "A squirrel thief!" he whispered.

He followed the squirrel as it darted across the street, climbing trees and jumping over fences, until it disappeared into a large oak tree at the edge of the park. Carefully, Timmy approached the tree and saw a hollow opening. Inside, he found a stash of ice cream tubs stacked neatly, with the squirrel munching happily on a cone.

Timmy tiptoed closer. "Hey there, little guy," he said softly. "Why are you stealing ice cream?"

The squirrel, surprised to be caught, looked up with wide eyes but didn't run away. Instead, it pointed to a tiny poster on the tree wall. It was a picture of a big squirrel family with the words, "Ice Cream for the Family Reunion!"

Timmy chuckled. "So you've been stealing ice cream to feed your family at the reunion?"

The squirrel nodded, looking a bit guilty.

Timmy thought for a moment. "You know, if you had just asked Mrs. Melba, I'm sure she would've helped you out. She loves animals!"

The squirrel scratched its head, realizing its mistake.

The next morning, Timmy marched back to Mrs. Melba's shop, carrying a tub of ice cream and the squirrel riding on his shoulder. "Mrs. Melba, I found your ice cream thief," Timmy said with a grin.

Mrs. Melba gasped. "A squirrel?"

Timmy explained everything, and Mrs. Melba couldn't stop laughing. "Well, I guess everyone loves ice cream—even squirrels!"

From that day on, the squirrel became a regular visitor at the shop. But instead of stealing, it helped out by delivering little ice cream cones to all the children in town. And every summer, Mrs. Melba made sure to prepare a special batch of ice cream just for the squirrel's family reunion.

El Ladrón de Helados

El verano en Frostville siempre era caluroso, pero el helado de la tienda de la señora Melba lo hacía mucho mejor. Todos adoraban su helado cremoso, colorido y delicioso, y su tienda era el lugar más popular de la ciudad durante los sofocantes meses de verano. Pero ese verano, algo extraño estaba sucediendo: el helado estaba desapareciendo, y nadie sabía quién estaba detrás.

La señora Melba, una amable anciana amante de los dulces, estaba confundida. "¡Acabo de hacer un lote fresco de remolino de fresa!" exclamó una mañana. "¡Y ahora ha desaparecido! ¿Quién podría estar robando mi helado?"

Los habitantes del pueblo estaban desconcertados. ¡El helado no desaparece así como así! Algunos pensaban que quizás el calor lo estaba derritiendo más rápido, pero incluso en el congelador, estaba desapareciendo a un ritmo alarmante.

Un día, Timmy, un joven que amaba las historias de detectives, decidió tomar el asunto en sus propias manos. Vivía cerca de la tienda de la señora Melba y había notado que todas las noches se oían ruidos extraños en el callejón detrás de la tienda.

"Algo sospechoso está pasando," pensó Timmy. Agarró su linterna y su lupa, como haría cualquier buen detective, y se dispuso a encontrar al ladrón.

Esa noche, Timmy salió sigilosamente de su casa y se escondió detrás de unas cajas cerca de la tienda. Estaba decidido a resolver el misterio.

Justo cuando el reloj marcó la medianoche, Timmy escuchó un suave ruido proveniente del callejón. Contuvo la respiración y asomó la cabeza. Sus ojos se abrieron de par en par—ahí, junto a la puerta trasera de la señora Melba, ¡había una ardilla!

Pero no era una ardilla común. Esta ardilla llevaba unos guantes diminutos, un sombrero y lo que parecía ser una pequeña mochila. La ardilla abrió la puerta del congelador con destreza, agarró un bote de helado y se escapó con él.

Timmy no podía creer lo que veían sus ojos. "¡Una ardilla ladrona!" susurró.

Siguió a la ardilla mientras ésta cruzaba la calle, trepaba árboles y saltaba cercas, hasta que desapareció en un gran roble al borde del parque. Con cuidado, Timmy se acercó al árbol y vio una abertura en el tronco. Dentro, encontró un alijo de botes de helado apilados ordenadamente, con la ardilla comiendo felizmente un cucurucho.

Timmy se acercó sigilosamente. "Hola, pequeñín," dijo suavemente. "¿Por qué estás robando helado?"

La ardilla, sorprendida de ser descubierta, lo miró con ojos muy abiertos pero no huyó. En cambio, señaló un pequeño cartel en la pared del árbol. Era una imagen de una gran familia de ardillas con las palabras: "¡Helado para la reunión familiar!"

Timmy se rió. "¿Así que has estado robando helado para alimentar a tu familia en la reunión?"

La ardilla asintió, luciendo un poco culpable.

Timmy pensó por un momento. "Sabes, si le hubieras pedido a la señora Melba, estoy seguro de que te habría ayudado. ¡A ella le encantan los animales!"

La ardilla se rascó la cabeza, dándose cuenta de su error.

A la mañana siguiente, Timmy regresó a la tienda de la señora Melba, cargando un bote de helado y con la ardilla sentada en su hombro. "Señora Melba, encontré a su ladrón de helados," dijo Timmy con una sonrisa.

La señora Melba se quedó boquiabierta. "¿Una ardilla?"

Timmy le explicó todo, y la señora Melba no pudo dejar de reír. "Bueno, supongo que a todos les gusta el helado, ¡incluso a las ardillas!"

Desde ese día, la ardilla se convirtió en una visitante habitual de la tienda. Pero en lugar de robar, ayudaba a repartir pequeños conos de helado a todos los niños del pueblo. Y cada verano, la señora Melba se aseguraba de preparar un lote especial de helado solo para la reunión familiar de la ardilla.

The Boy Who Couldn't Stop Hiccuping

There once was a boy named Charlie who had the loudest, most ridiculous hiccups anyone had ever heard. They weren't the quiet, polite kind of hiccups. No, Charlie's hiccups were earth-shattering. They were so loud that every time he hiccupped, people thought there was an explosion!

"HICCUP!" Charlie went one morning during breakfast, and his cereal flew out of the bowl. "HICCUP!" at school, and his books fell off the desk. "HICCUP!" in the park, and birds scattered in every direction.

It had all started one day when Charlie drank an extra fizzy soda. At first, he hiccupped a few times and thought it was funny. But the hiccups didn't stop. They kept going and going, and Charlie didn't know how to make them go away.

His parents tried everything. They had him drink water upside down. They had him hold his breath. They even tried scaring him by jumping out from behind doors. But nothing worked.

At school, things were getting out of hand. Every time Charlie hiccupped, the entire classroom shook. His friends tried to help, but no one knew what to do.

Then one day, during lunch, Charlie's teacher, Miss Plum, had an idea. "Charlie," she said, "have you ever thought about talking to the hiccups?"

"Talking to them?" Charlie asked, puzzled.

"Yes, talking to them. Maybe they're trying to tell you something."

Charlie thought that sounded silly, but he was desperate to try anything. So, that afternoon, he went to a quiet spot in the park and sat down.

"Okay, hiccups," Charlie said. "What do you want?"

At first, there was nothing but silence. Then suddenly, HICCUP! The ground shook.

"Come on, hiccups," Charlie pleaded. "You've been driving me crazy. Why won't you leave me alone?"

And then, something amazing happened. Charlie heard a tiny voice. "We're not trying to annoy you," the voice squeaked. "We're just excited."

Charlie blinked. "Excited? About what?"

The voice, which seemed to be coming from inside him, continued, "We hiccups come from a place called Hiccup Haven. We love visiting people, especially when they're about to do something special."

"Something special?" Charlie asked, still confused.

"Yes! Every time you hiccup, it means you're about to do something amazing!" the voice said cheerfully.

Charlie thought about it. Could it be true? Could his hiccups actually be a sign of something good? He wasn't sure, but it made him feel a little better.

The next day at school, Charlie was nervous. There was a big spelling test, and he was worried he would hiccup during it. As soon as he sat down, HICCUP! His desk rattled.

"Oh no," he thought. "Not now!"

But then he remembered what the hiccups had said. Maybe this meant something good was about to happen.

Charlie took a deep breath and focused on the test. He wrote each word carefully, and to his surprise, he knew every single answer. When the test was over, he handed in his paper, and later that day, Miss Plum announced that Charlie had gotten the highest score in the class!

"Wow," Charlie whispered to himself. "Maybe the hiccups were right."

From that day on, Charlie didn't mind his hiccups so much. Every time he hiccupped, he smiled and wondered what amazing thing was about to happen. And strangely enough, the hiccups didn't bother him as much anymore. They became quieter, almost like a whisper.

But sometimes, on days when Charlie was about to do something really, really incredible, the hiccups would return with a bang.

"HICCUP!"

El Niño Que No Podía Dejar de Tener Hipo

Había una vez un niño llamado Charlie que tenía los hipos más fuertes y ridículos que alguien haya escuchado. No eran los hipos tranquilos y educados. No, los hipos de Charlie eran estrepitosos. Eran tan ruidosos que cada vez que tenía hipo, ¡la gente pensaba que había una explosión!

"¡HIPO!" soltó Charlie una mañana durante el desayuno, y su cereal salió volando del plato. "¡HIPO!" en la escuela, y sus libros cayeron de la mesa. "¡HIPO!" en el parque, y los pájaros salieron disparados en todas direcciones.

Todo había comenzado un día cuando Charlie bebió una gaseosa muy burbujeante. Al principio, tuvo unos pocos hipos y pensó que era gracioso. Pero los hipos no se detuvieron. Seguían y seguían, y Charlie no sabía cómo hacer que desaparecieran.

Sus padres intentaron todo. Lo hicieron beber agua al revés. Lo hicieron aguantar la respiración. Incluso intentaron asustarlo saltando desde detrás de las puertas. Pero nada funcionaba.

En la escuela, las cosas se estaban descontrolando. Cada vez que Charlie tenía hipo, todo el aula temblaba. Sus amigos intentaron ayudarlo, pero nadie sabía qué hacer.

Entonces, un día durante el almuerzo, la maestra de Charlie, la señorita Plum, tuvo una idea. "Charlie," le dijo, "¿alguna vez has pensado en hablar con los hipos?"

"¿Hablar con ellos?" preguntó Charlie, desconcertado.

"Sí, hablar con ellos. Tal vez están tratando de decirte algo."

A Charlie le parecía una tontería, pero estaba desesperado por probar cualquier cosa. Así que, esa tarde, fue a un lugar tranquilo en el parque y se sentó.

"Está bien, hipos," dijo Charlie. "¿Qué quieren?"

Al principio, solo hubo silencio. Luego, de repente, HIPO! El suelo tembló.

"Vamos, hipos," suplicó Charlie. "Me están volviendo loco. ¿Por qué no me dejan en paz?"

Y entonces, algo increíble sucedió. Charlie escuchó una vocecita. "No estamos tratando de molestarte," chilló la voz. "Estamos emocionados."

Charlie parpadeó. "¿Emocionados? ¿Por qué?"

La voz, que parecía provenir de su interior, continuó: "Nosotros, los hipos, venimos de un lugar llamado Hipo Haven. Nos encanta visitar a las personas, ¡especialmente cuando están a punto de hacer algo especial!"

"¿Algo especial?" preguntó Charlie, aún confundido.

"¡Sí! Cada vez que tienes hipo, significa que estás a punto de hacer algo increíble," dijo la voz alegremente.

Charlie lo pensó. ¿Podría ser cierto? ¿Podrían sus hipos ser una señal de algo bueno? No estaba seguro, pero lo hizo sentir un poco mejor.

Al día siguiente en la escuela, Charlie estaba nervioso. Había un gran examen de ortografía, y estaba preocupado de que le diera hipo durante el examen. Tan pronto como se sentó, HIPO! Su escritorio se sacudió.

"Oh no," pensó. "¡No ahora!"

Pero luego recordó lo que los hipos le habían dicho. Tal vez esto significaba que algo bueno estaba por suceder.

Charlie respiró hondo y se concentró en el examen. Escribió cada palabra con cuidado, y para su sorpresa, sabía todas las respuestas. Cuando terminó el examen, entregó su hoja, y más tarde ese día, la señorita Plum anunció que Charlie había sacado la mejor nota de la clase.

"Guau," susurró Charlie para sí mismo. "Tal vez los hipos tenían razón."

Desde ese día, a Charlie no le molestaron tanto sus hipos. Cada vez que tenía hipo, sonreía y se preguntaba qué cosa increíble estaba a punto de suceder. Y, curiosamente, los hipos ya no lo molestaban tanto. Se volvieron más suaves, casi como un susurro.

Pero a veces, en los días en que Charlie estaba a punto de hacer algo realmente, realmente increíble, los hipos volvían con un estallido.

"¡HIPO!"

The Girl Who Painted Dreams

In a small village, there lived a girl named Sofia who loved to paint. But Sofia wasn't like any other painter. What made her unique was that her paintings came to life. If she painted a flower, it would bloom on the canvas, and if she painted a bird, it would fly right out of the picture!

Everyone in the village admired Sofia's talent, but no one knew the real secret behind her paintings. Every night, Sofia would have magical dreams. In her dreams, she visited places full of colors and shapes beyond imagination. When she woke up, she would immediately paint what she saw.

But one day, something strange happened. Sofia stopped dreaming. No matter how hard she tried, her dreams disappeared. Her paintings, which had once been full of life and wonder, became dull and flat. The villagers were worried.

"Why aren't you painting like before, Sofia?" they asked her.

Sofia sighed. "I don't know. My dreams are gone, and without them, I have no inspiration."

She tried everything to get her dreams back. She stayed up late staring at the stars, hoping they would bring her visions. She drank cups of warm milk and counted sheep, but nothing worked. Night after night, she slept without dreaming.

One evening, Sofia went for a walk to clear her mind. As she wandered through the fields, she came across an old woman sitting by a stream, knitting a scarf made of the most vibrant colors Sofia had ever seen.

"Excuse me," Sofia said, "where did you get those beautiful colors?"

The old woman smiled and looked up. "These colors come from the dreams of those who have forgotten how to dream."

Sofia's eyes widened. "I've lost my dreams! Can you help me find them?"

The old woman nodded. "Dreams are like stars. Even when you can't see them, they're still there. You just have to look in the right place."

Sofia thought about what the woman said. "But where do I look?"

The old woman pointed to Sofia's heart. "Dreams are always within you. Sometimes, you just have to listen closely."

Sofia was confused but thanked the woman and went home. That night, she lay in bed, closed her eyes, and tried to listen. She focused on the sounds of her own breathing, the wind outside her window, and her own heartbeat.

At first, there was nothing. But then, slowly, images began to form in her mind. They were faint at first, but soon they became clearer. She saw rolling hills of lavender, skies painted with shades of orange and pink, and rivers that sparkled like diamonds.

Sofia's heart raced with excitement. She leaped out of bed and rushed to her easel. She painted all night long, her brush moving faster than ever. And when the sun rose, there it was — a masterpiece filled with colors and life.

The villagers were amazed. "Your paintings are back, Sofia!" they cheered.

But Sofia smiled and said, "They never really left. I just had to remember where to find them."

From that day on, Sofia painted not only the dreams she had at night but also the dreams she carried in her heart. And her paintings were more beautiful than ever before because now, they weren't just from her dreams — they were from her soul.

La Niña Que Pintaba Sueños

En un pequeño pueblo, vivía una niña llamada Sofía que amaba pintar. Pero Sofía no era como cualquier otra pintora. Lo que la hacía única era que sus pinturas cobraban vida. Si pintaba una flor, ésta florecía en el lienzo, y si pintaba un pájaro, ¡salía volando del cuadro!

Todos en el pueblo admiraban el talento de Sofía, pero nadie conocía el verdadero secreto detrás de sus pinturas. Cada noche, Sofía tenía sueños mágicos. En sus sueños, visitaba lugares llenos de colores y formas más allá de la imaginación. Cuando despertaba, inmediatamente pintaba lo que veía.

Pero un día, algo extraño sucedió. Sofía dejó de soñar. Por más que lo intentaba, sus sueños desaparecieron. Sus pinturas, que alguna vez habían estado llenas de vida y maravilla, se volvieron aburridas y planas. Los aldeanos estaban preocupados.

"¿Por qué no pintas como antes, Sofía?" le preguntaban.

Sofía suspiró. "No lo sé. Mis sueños se han ido, y sin ellos, no tengo inspiración."

Intentó de todo para recuperar sus sueños. Se quedaba despierta hasta tarde mirando las estrellas, esperando que le trajeran visiones. Bebía tazas de leche caliente y contaba ovejas, pero nada funcionaba. Noche tras noche, dormía sin soñar.

Una tarde, Sofía salió a caminar para despejar su mente. Mientras vagaba por los campos, se encontró con una anciana sentada junto a un arroyo, tejiendo una bufanda con los colores más vibrantes que Sofía había visto.

"Disculpe," dijo Sofía, "¿de dónde sacó esos colores tan hermosos?"

La anciana sonrió y levantó la vista. "Estos colores vienen de los sueños de aquellos que han olvidado cómo soñar."

Los ojos de Sofía se abrieron de par en par. "¡He perdido mis sueños! ¿Puede ayudarme a encontrarlos?"

La anciana asintió. "Los sueños son como estrellas. Incluso cuando no puedes verlos, siguen ahí. Solo tienes que mirar en el lugar correcto."

Sofía pensó en lo que dijo la mujer. "¿Pero dónde debo buscar?"

La anciana señaló el corazón de Sofía. "Los sueños siempre están dentro de ti. A veces, solo tienes que escuchar con atención."

Sofía estaba confundida, pero agradeció a la mujer y se fue a casa. Esa noche, se acostó, cerró los ojos y trató de escuchar. Se concentró en los sonidos de su propia respiración, el viento afuera de su ventana y los latidos de su corazón.

Al principio, no había nada. Pero luego, lentamente, comenzaron a formarse imágenes en su mente. Al principio eran tenues, pero pronto se volvieron más claras. Vio colinas onduladas de lavanda, cielos pintados con tonos de naranja y rosa, y ríos que brillaban como diamantes.

El corazón de Sofía latía con emoción. Saltó de la cama y corrió a su caballete. Pintó toda la noche, su pincel moviéndose más rápido que nunca. Y cuando salió el sol, ahí estaba: una obra maestra llena de colores y vida.

Los aldeanos estaban asombrados. "¡Tus pinturas han vuelto, Sofía!" gritaban.

Pero Sofía sonrió y dijo: "Nunca se fueron realmente. Solo tenía que recordar dónde encontrarlas."

Desde ese día, Sofía pintó no solo los sueños que tenía por la noche, sino también los sueños que llevaba en su corazón. Y sus pinturas eran más hermosas que nunca, porque ahora, no solo venían de sus sueños, sino también de su alma.

The Boy Who Wanted to Touch the Moon

There was once a boy named Mateo who was fascinated by the moon. Every night, he would sit by his window and gaze at it, glowing softly in the sky like a giant pearl. Mateo often wondered what it would feel like to touch the moon. Was it soft like cotton or rough like sandpaper?

One night, as he lay in bed, Mateo whispered to the stars, "I wish I could touch the moon." He closed his eyes and drifted off to sleep, imagining himself standing on the moon's surface.

The next morning, Mateo woke up with a plan. He decided that he was going to build a tower high enough to reach the moon. His friends laughed at him when he told them.

"You can't reach the moon, Mateo! It's too far!" they said. But Mateo didn't care. He was determined.

He gathered everything he could find — books, chairs, boxes, even an old ladder from the garage — and started stacking them one on top of the other. The tower grew taller and taller. Mateo climbed higher and higher, his heart racing with excitement.

But as Mateo reached the top of his wobbly tower, he realized he was still far from the moon. He stretched his hand out, but it was no use. The moon was still a speck in the sky, far beyond his grasp.

Disappointed, Mateo climbed back down and sat on the ground, staring up at the moon. "Why can't I touch you?" he muttered.

That night, as Mateo sat by his window once again, a strange thing happened. The moon seemed to glow brighter than usual, and before he knew it, a beam of moonlight streamed into his room. The light formed a staircase, shimmering and sparkling, leading straight up to the moon.

Mateo's eyes widened in disbelief. "Is this real?" he whispered.

Without a second thought, he grabbed his coat and began climbing the staircase of light. Each step felt cool and soft beneath his feet, like walking on clouds. As he reached the top, Mateo found himself standing on the moon. It was even more beautiful than he had imagined — a landscape of silver craters and glittering dust.

He bent down and touched the surface. It was smooth and cool, like marble. Mateo laughed with joy, his dream had finally come true.

Suddenly, a voice echoed around him. "You've come a long way, young one."

Mateo looked up and saw a figure floating towards him — it was the Man in the Moon! He had a long white beard and a robe made of stars.

"Why did you want to touch the moon?" the Man in the Moon asked.

"Because it seemed impossible," Mateo replied. "And I wanted to do the impossible."

The Man in the Moon smiled. "Sometimes, the impossible is only a dream away."

Mateo stayed on the moon for what felt like hours, but soon it was time to return. The Man in the Moon waved his hand, and the staircase of light reappeared. Mateo climbed down and found himself back in his room.

From that night on, Mateo never stopped believing in the impossible. He knew that with a little bit of magic — and a lot of determination — even the wildest dreams could come true.

El Niño Que Quería Tocar la Luna

———

Había una vez un niño llamado Mateo que estaba fascinado con la luna. Cada noche, se sentaba junto a su ventana y la observaba, brillando suavemente en el cielo como una perla gigante. Mateo a menudo se preguntaba cómo se sentiría tocar la luna. ¿Sería suave como el algodón o áspera como el papel de lija?

Una noche, mientras yacía en su cama, Mateo susurró a las estrellas, "Desearía poder tocar la luna." Cerró los ojos y se quedó dormido, imaginándose de pie en la superficie de la luna.

A la mañana siguiente, Mateo se despertó con un plan. Decidió que iba a construir una torre lo suficientemente alta para llegar a la luna. Sus amigos se rieron de él cuando se lo contó.

"¡No puedes alcanzar la luna, Mateo! ¡Está demasiado lejos!" dijeron. Pero a Mateo no le importaba. Estaba decidido.

Reunió todo lo que pudo encontrar: libros, sillas, cajas, e incluso una escalera vieja del garaje, y comenzó a apilarlos uno encima del otro. La torre creció más y más alta. Mateo subió cada vez más, su corazón latiendo con emoción.

Pero cuando Mateo llegó a la cima de su tambaleante torre, se dio cuenta de que aún estaba lejos de la luna. Estiró la mano, pero fue en vano. La luna seguía siendo un punto en el cielo, mucho más allá de su alcance.

Decepcionado, Mateo bajó y se sentó en el suelo, mirando hacia la luna. "¿Por qué no puedo tocarte?" murmuró.

Esa noche, mientras Mateo estaba sentado junto a su ventana una vez más, sucedió algo extraño. La luna parecía brillar más que de costumbre, y antes de que se diera cuenta, un rayo de luz lunar entró en su habitación. La luz formó una escalera, brillante y resplandeciente, que conducía directamente a la luna.

Los ojos de Mateo se abrieron de par en par en incredulidad. "¿Esto es real?" susurró.

Sin pensarlo dos veces, tomó su abrigo y comenzó a subir la escalera de luz. Cada paso se sentía fresco y suave bajo sus pies, como caminar sobre nubes. Al llegar a la cima, Mateo se encontró de pie en la luna. Era incluso más hermosa de lo que había imaginado: un paisaje de cráteres plateados y polvo brillante.

Se agachó y tocó la superficie. Era lisa y fría, como el mármol. Mateo rió de alegría, su sueño finalmente se había hecho realidad.

De repente, una voz resonó a su alrededor. "Has recorrido un largo camino, joven."

Mateo miró hacia arriba y vio una figura flotando hacia él: ¡era el Hombre de la Luna! Tenía una larga barba blanca y una túnica hecha de estrellas.

"¿Por qué querías tocar la luna?" preguntó el Hombre de la Luna.

"Porque parecía imposible," respondió Mateo. "Y yo quería hacer lo imposible."

El Hombre de la Luna sonrió. "A veces, lo imposible está a solo un sueño de distancia."

Mateo permaneció en la luna lo que pareció ser horas, pero pronto fue hora de regresar. El Hombre de la Luna agitó su mano, y la escalera de luz reapareció. Mateo bajó y se encontró de nuevo en su habitación.

Desde esa noche, Mateo nunca dejó de creer en lo imposible. Sabía que con un poco de magia, y mucha determinación, incluso los sueños más salvajes podían hacerse realidad.

The Amazing Adventures of Rita the Robot

In a small town called Techville, there lived a friendly robot named Rita. Rita was not just any robot; she was built with a bright personality and a heart made of kindness. Unlike the other robots who only followed commands, Rita loved to explore and help others.

One sunny day, as Rita strolled through the park, she noticed a little girl named Lila sitting on a swing, looking sad. Rita approached her with a cheerful beep. "Hello there! Why do you look so glum?"

Lila sighed. "I lost my favorite teddy bear, Mr. Cuddles, and I can't find him anywhere!"

"Don't worry, Lila! I can help you find Mr. Cuddles!" Rita replied, her eyes lighting up with determination.

Together, they began their search. Rita scanned the park with her advanced sensors, and they started checking all the usual spots — under the slide, by the fountain, and even in the tall grass. But Mr. Cuddles was nowhere to be found.

After searching for what felt like hours, Lila sat down on the grass, feeling hopeless. "Maybe I'll never see him again," she sniffled.

Rita, however, wasn't ready to give up. "Let's think like a teddy bear! Where would he want to be?" she said. "Mr. Cuddles loves adventures! Maybe he wandered off to the other side of the park!"

With renewed hope, they set off to explore the other side of the park. They passed the flower garden and a pond filled with ducks quacking happily. Rita used her robotic arms to lift Lila up so she could see over the bushes. Suddenly, Lila spotted something fluffy in the distance.

"Rita, look!" Lila pointed excitedly. "Is that Mr. Cuddles?"

They hurried over, and to their delight, it was indeed Mr. Cuddles, sitting happily on a picnic blanket with a group of squirrels. It seemed he had found some new friends!

Lila laughed and clapped her hands. "Thank you, Rita! You helped me find him!"

Rita smiled, her circuits buzzing with joy. "I'm glad I could help! Remember, there's always a solution to every problem if you don't give up!"

After reuniting with Mr. Cuddles, Lila invited Rita to join them for a picnic. They spread out the blanket and shared sandwiches, fruits, and laughter. The squirrels chattered and danced around them, making it a fun-filled afternoon.

From that day on, Lila and Rita became the best of friends. They went on many more adventures together, helping others and spreading joy throughout Techville. Rita's heart, made of kindness, made sure that no one felt sad or alone, proving that friendship and teamwork could solve any problem.

63

Las Asombrosas Aventuras de Rita la Robot

En un pequeño pueblo llamado Techville, vivía una robot amigable llamada Rita. Rita no era cualquier robot; estaba construida con una brillante personalidad y un corazón hecho de bondad. A diferencia de los otros robots que solo seguían órdenes, a Rita le encantaba explorar y ayudar a los demás.

Un día soleado, mientras Rita paseaba por el parque, notó a una niña llamada Lila sentada en un columpio, luciendo triste. Rita se acercó a ella con un alegre pitido. "¡Hola! ¿Por qué te ves tan desanimada?"

Lila suspiró. "Perdí mi oso de peluche favorito, ¡Mr. Cuddles, y no puedo encontrarlo en ninguna parte!"

"¡No te preocupes, Lila! ¡Puedo ayudarte a encontrar a Mr. Cuddles!" respondió Rita, con los ojos iluminándose de determinación.

Juntas, comenzaron su búsqueda. Rita escaneó el parque con sus avanzados sensores, y comenzaron a revisar todos los lugares habituales: debajo del tobogán, cerca de la fuente, e incluso en la alta hierba. Pero Mr. Cuddles no estaba por ninguna parte.

Después de buscar durante lo que pareció horas, Lila se sentó en la hierba, sintiéndose desesperanzada. "Quizás nunca lo vuelva a ver," sollozó.

Sin embargo, Rita no estaba lista para rendirse. "¡Pensemos como un oso de peluche! ¿Dónde le gustaría estar?" dijo. "¡A Mr. Cuddles le encantan las aventuras! ¡Quizás se fue al otro lado del parque!"

Con nueva esperanza, se pusieron en marcha para explorar el otro lado del parque. Pasaron por el jardín de flores y un estanque lleno de patos que graznaban felizmente. Rita usó sus brazos robóticos para levantar a Lila y que pudiera ver sobre los arbustos. De repente, Lila vio algo esponjoso a lo lejos.

"¡Rita, mira!" Lila apuntó emocionada. "¿Es eso Mr. Cuddles?"

Corrieron y, para su deleite, era efectivamente Mr. Cuddles, sentado felizmente en una manta de picnic con un grupo de ardillas. ¡Parecía que había encontrado nuevos amigos!

Lila rió y aplaudió. "¡Gracias, Rita! ¡Me ayudaste a encontrarlo!"

Rita sonrió, sus circuitos zumbando de alegría. "¡Me alegra poder ayudar! Recuerda, siempre hay una solución para cada problema si no te rindes."

Después de reunirse con Mr. Cuddles, Lila invitó a Rita a unirse a ellas para un picnic. Desplegaron la manta y compartieron sándwiches, frutas y risas. Las ardillas charlaban y bailaban a su alrededor, haciendo de la tarde un momento divertido.

Desde ese día, Lila y Rita se convirtieron en las mejores amigas. Juntas vivieron muchas más aventuras, ayudando a otros y difundiendo alegría en todo Techville. El corazón de Rita, hecho de bondad, se aseguraba de que nadie se sintiera triste o solo, demostrando que la amistad y el trabajo en equipo podían resolver cualquier problema.